Isabel Ebber

Arbeitslosigkeit und psychische Gesundheit

Eine kritische Lebenssituation und ihre Bewältigung

GRIN Verlag

Bibliografische Information der Deutschen Nationalbibliothek:

Die Deutsche Bibliothek verzeichnet diese Publikation in der Deutschen National-
bibliografie; detaillierte bibliografische Daten sind im Internet über http://dnb.d-
nb.de/ abrufbar.

Impressum:

Copyright © 2002 GRIN Verlag GmbH
Druck und Bindung: Books on Demand GmbH, Norderstedt Germany
ISBN: 978-3-638-63961-3

Dieses Buch bei GRIN:

http://www.grin.com/de/e-book/6771/arbeitslosigkeit-und-psychische-gesundheit

GRIN - Your knowledge has value

Der GRIN Verlag publiziert seit 1998 wissenschaftliche Arbeiten von Studenten, Hochschullehrern und anderen Akademikern als eBook und gedrucktes Buch. Die Verlagswebsite www.grin.com ist die ideale Plattform zur Veröffentlichung von Hausarbeiten, Abschlussarbeiten, wissenschaftlichen Aufsätzen, Dissertationen und Fachbüchern.

Besuchen Sie uns im Internet:

http://www.grin.com/

http://www.facebook.com/grincom

http://www.twitter.com/grin_com

Universität Essen
Wintersemester 2001/2002
Fachbereich 1 – Psychologie
Veranstaltung: Grundstufenseminar.
                   Kritische Lebensereignisse und ihre Bewältigung.
Kategorie: Arbeit zur Zwischenprüfung
                   für das Unterrichtsfach Pädagogik
                   (Beendung des Grundstudiums mit dieser Arbeit)
Bewertung: sehr gut

Arbeitslosigkeit
und
psychische Gesundheit.

Isabel Ebber

Inhaltsverzeichnis

I. Leitfaden

„Arbeitslosigkeit bedeutet: Jemand ist arbeitsfähig und –willig, findet aber dennoch keine Arbeitsstelle."[1] Die deutschen Arbeitslosenzahlen im Längsschnitt betrachtet, zeichnen eine erschreckende Aufwärtsleiter. Dass von 1975 bis 1998 die Anzahl der Arbeitslosen von 1, 1 Millionen auf 4, 3 Millionen[2] gestiegen ist, fordert zur verstärkten wissenschaftlichen Auseinandersetzung mit der Arbeitslosigkeit auf. Bei Vergleich der Arbeitslosenquote vom August 2001 mit der Eurozone, sowie mit Japan und den USA schneidet Deutschland schlecht ab. Bei Quoten von 2, 2 % in den Niederlanden bis 13 % in Spanien liegt Deutschland mit 7, 9 % im unteren Mittelfeld, während die Quote der 15 EU-Staaten bei 7, 6 % liegt. Das sind nach Schätzungen von Eurostat 11, 3 Millionen Menschen ohne Arbeit.[3] Die Annäherung an das Thema Arbeitslosigkeit über diese statistische Ebene rückt Arbeitslosigkeit zunächst als gesellschaftliches und wirtschaftliches Problem ins Blickfeld. Denkt man nun an den Menschen hinter der Zahl und konstruiert imaginäre Einzelschicksale, erahnt man die mit der Arbeitslosigkeit verbundene Gesundheitsproblematik. Diese Arbeit untersucht den Zusammenhang zwischen Arbeitslosigkeit und psychischer Gesundheit in unterschiedlichen Dimensionen. In diese Arbeit integriert ist im Zusammenhang mit Arbeitslosigkeit und psychischer Gesundheit die Forschung in Vergangenheit und Gegenwart, die nationale und internationale Forschung mit ihren Forschungsinhalten, Forschungsschwerpunkten, Forschungsmethoden, Forschungsergebnissen und Forschungsdebatten. Auf folgende Fragen soll im Verlauf dieser Arbeit versucht werden, eine mögliche Antwort zu geben:

> ❖ *Was bedeutet (psychische) Gesundheit?*
> ❖ *Mit welchen Forschungsdesigns, Hypothesen und Forschungsmethoden untersucht die wissenschaftliche Forschung den Zusammenhang zwischen Arbeitslosigkeit und Gesundheit?*
> ❖ *Welche Struktur hat der Zusammenhang zwischen Arbeitslosigkeit und psychischer Gesundheit?*
> ❖ *Wie und wodurch wird der Zusammenhang von Arbeitslosigkeit und psychischer Gesundheit beeinflusst?*
> ❖ *Warum wirkt Arbeitslosigkeit auf die psychische Gesundheit?*
> ❖ *Wie wird Arbeitslosigkeit verarbeitet?*
> ❖ *Welche Rolle hat die Arbeit für den Menschen und seine Gesundheit?*

---

[1] Mühlbradt, F. W.: Wirtschaftslexikon. Daten, Fakten und Zusammenhänge. 6. aktualisierte Auflage. Berlin 1999. S. 33.
[2] Vgl. ebd. S. 32.
[3] Vgl. Commission Online. Presserklärung Eurostat: Arbeitslosenquote in der Eurozone unverändert bei 8, 3 %.
Online unter: http://www.europa.eu.int .

> ❖ Welchen Einfluss haben Persönlichkeitsdispositionen auf die Verarbeitung von Arbeitslosigkeit?
>
> ❖ Welcher Zusammenhang besteht zwischen Individuum, Arbeit, gesellschaftlichem Wertsystem, Anerkennung und Identität?

II. Erzeugt Arbeitslosigkeit Krankheit oder Krankheit Arbeitslosigkeit ?

II. 1. Begriff Gesundheit - Messung von Gesundheit - Forschungsdesign - Forschungsdebatte

„Die biopsychosoziale Gesundheit ergibt sich aus dem Verhältnis von Anforderungen und Ressourcen. Unterschieden werden:

> ❖ *Interne Anforderungen: von der Person ausgehende Anforderungen [...]*
>
> ❖ *Externe Anforderungen: aus der Umwelt an das Individuum gestellte Anforderungen*
>
> ❖ *Interne Ressourcen: individuelle biopsychosoziale Voraussetzungen für die Bewältigung von Anforderungen*
>
> ❖ *Externe Ressourcen: in der sozialen Umwelt vorhandene Voraussetzungen wie z.B. das soziale Netz.*

Gesundheit wird somit als „gelungene Balance" definiert. [...] Psychische Gesundheit ist vor allem einerseits psychische Kompetenz in der Bewältigung externer und interner Anforderungen sowie andererseits psychisches Wohlbefinden."[4]

Um psychische Gesundheit zu messen, gibt es verschiedene Zugänge, wie im Laufe dieser Arbeit mittels verschiedener empirischer Studien aufgezeigt wird. Einige Studien sind auf die Messung des Gesundheitszustandes ausgerichtet, einige auf die Messung des Gesundheitsverhaltens. Erstere versuchen in der Regel, durch eine Auflistung verschiedener Indikatoren zu psychischen und/oder psychosomatischen Symptomen den psychischen und psychosomatischen Gesundheitszustand zu erfassen. Studien zum Alkoholkonsum und Alkoholmissbrauch, sowie Studien mit Ausrichtung auf andere Süchte, zielen auf die Erfassung des Gesundheitsverhaltens ab.

---

[4] Trommer, H.: Gesundheitliche Auswirkungen von Langzeitarbeitslosigkeit. In: Landesvereinigung für Gesundheitsförderung Thüringen e. V. –Agethur- (Hg.): Workshop „Arbeitslosigkeit und Gesundheit". Weimar 2000. S. 12 bis S. 22.

Für die Indikatorenauflistungen zum Gesundheitszustand gibt es in der Forschung geläufige Indexe, wie beispielsweise den im Laufe dieser Arbeit vorgestellten „General Health Questionnaire" oder den „Psychiatric Symptom Index".

Die folgende Auflistung von bei der Durschschau empirischer Forschungsliteratur erfassten Forschungsdesigns, soll prägnant und knapp die verschiedenen empirischen Zugangsmöglichkeiten zum Zusammenhang von Arbeitslosigkeit und Gesundheit aufzeigen:

> ❖ *Medizinpsychologische Untersuchungen mit Arbeitslosen zur Fremdeinschätzung des Gesundheitszustandes bei Vergleich mit dem gesundheitlichen Befinden von Erwerbstätigen als Kontrollgruppe* [5]
>
> ❖ *Umfragen oder Interviews im Quer- oder Längsschnitt mit Arbeitslosen zur Selbsteinschätzung des Gesundheitszustandes bei Vergleich mit dem gesundheitlichen Befinden von Erwerbstätigen als Kontrollgruppe* [6]
>
> ❖ *Querschnittsumfragen oder Interviews mit Arbeitslosen zur Selbsteinschätzung des Gesundheitszustandes bei Vergleich mit dem in der Erinnerung verhafteten gesundheitlichen Befinden vor der Arbeitslosigkeit*
>
> ❖ *Längsschnittumfragen oder Interviews mit Arbeitslosen zur Selbsteinschätzung des Gesundheitszustandes in Abhängigkeit von der Länge der Arbeitslosigkeit oder dem Statuswechsel zum Erwerbstätigen*
>
> ❖ *Unfragen oder Interviews im Quer- oder Längsschnitt mit Arbeitslosen zur Selbsteinschätzung des Gesundheitszustandes in Relation zu Geschlecht, Personenstand, Alter, sozialer Schicht, Region, Lebensgewohnheiten, Selbst- und Lebenseinstellungen, Süchten*
>
> ❖ *Zensusanalysen im Quer- oder Längsschnittformat von Arbeitslosenraten im Vergleich zu Mortalitäts- oder Suizidraten*
>
> ❖ *Zensusanalysen im Längsschnittformat von Arbeitslosenraten im Vergleich zu statistischen Daten des Gesundheitswesens*

Aktuelle empirische Studien ab circa den 90er-Jahren gehen mittels quantitativer Längsschnittanalysen vorwiegend der Frage nach, ob Arbeitslosigkeit Krankheit erzeugt oder aber Krankheit Arbeitslosigkeit. Diesbezüglich konträr diskutierter Standpunkte sind in der Forschung auf den Begriff „Kausations-Selektions-Debatte" gebracht:

---

[5] Vgl. zu diesem Forschungsdesign eine medizinpsychologische Untersuchung von Patienten einer Allgemeinarztpraxis zum Stress-erleben. In: Dauer, S./Hennig, H. (Hg.): Arbeitslosigkeit und Gesundheit. Halle 1999.
(= Beiträge zur Medizinischen Psychologie und zu Grenzgebieten, 1).
[6] Anmerkung: Die im folgenden aufgelisteten Forschungsdesigns finden sich in dieser Arbeit in ähnlicher Form wieder, so dass auf Literaturhinweise an dieser Stelle verzichtet wird.

4

Die Kausalität von Arbeitslosigkeit und Gesundheit *äußert sich, wie Weyerer vom ‚Zentralinstitut für Seelische Gesundheit' in Mannheim kategorisiert, in der „direkte[n] Verursachung von Krankheit oder Tod durch den Eintritt oder das längerfristige Bestehen von Erwerbslosigkeit (Streß-Reaktions-Modell) [oder der] indirekte[n] Verursachung von Krankheit oder Tod als Folge veränderten Gesundheitsverhaltens (z. B. erhöhter Genuß von Nikotin, Alkohol oder Drogen) oder von sekundären Belastungsfaktoren wie finanzielle Notlage, gesellschaftliche Diskriminierung oder Ehekrisen, die der Arbeitsplatzverlust ausgelöst hat. "[7]*

Hinsichtlich der Selektionshypothese kann man zwei Mechanismen in Orientierung an Mastekaasa unterscheiden:

„Differential selection into unemployment *will occur if people with health problems [...] are more likely to lose their jobs.*

Differential selection out of unemployment *will occur if people with health problems have greater problems in finding new jobs, once they have become unemployed."* [8]

"Selection into unemployment" *meint weiter die geringe Produktivität des Erwerbstätigen wegen eines beeinträchtigenden Gesundheitszustandes und dadurch bedingter Kündigung.*

„Selection out of unemployment" *meint weiter geringe Einstellungschancen wegen einer vermuteten durch den potentiellen Arbeitgeber bei Kenntnis eines beeinträchtigten Gesundheitszustandes geringen Produktivität des Bewerbers, oder aber eine in der Gesundheit begründete geringe Effizienz der Arbeitssuche.*[9]

Durch die Heranziehung unterschiedlicher quantitativer internationaler Längsschnittanalysen wird im folgenden versucht, der Selektionshypothese und der Kausationshypothese, empirisch auf die Spur zu kommen.

---

[7] Weyerer, S: Arbeitslosigkeit und psychische Gesundheit. In: Nervenheilkunde. Vol. 13 (3) 1994. S. 110.
[8] Mastekaasa, A.: Unemployment and Health: Selection Effects. In: Journal of Community and Applied Social Psychology. Vol. 6 (3). 1996. S. 189.
[9] Vgl. Ebd. S. 192.

II. 2. Forschungsresultate als Unterstützung für die Selektionshypothese

Mastekaasa vom „Institute of Social Research" in Oslo, untersucht in einer 1996 veröffentlichten Interviewstudie mit 3 829 norwegischen Probanden im Längsschnitt bei zwei Wellen zu 1989 und 1993 das Verhältnis zwischen dem Gesundheitszustand und der Wiedereingliederung in den Beruf. Neben den abhängigen Variablen „Job loss" und „re-employment" integriert der Interviewbogen als unabhängige Variablen „Health measures" für psychische und physische Krankheitssymptome und Kontrollvariablen zur Erfassung der Sozialdaten und der Arbeitssituation. Der psychische Gesundheitszustand wird durch 4 Items in Form von Fragen zum Bestand von Nervosität, Sorge, Rastlosigkeit, Depressionen, Müdigkeit, Unpässlichkeit und Konzentrationsschwäche in den vergangenen Monaten, per Ordinalskala einzuschätzen, erfasst. Die Regressionsanalyse in Bezug auf „selection into unemployment" erlaubt folgende Wahrscheinlichkeitsaussage: „A unit increase in the [psychological] distress score is associated with a 22% increase in the probability of lay-offs." [...] On the other hand, there is no evidence of selection with regard to physical health."[10] Mastekaasa erklärt dieses Resultat mit Hinweis auf den hohen Einfluss der Gewerkschaften in Norwegen hypothetisch mit der gesellschaftlich höheren Akzeptanz physischer Krankheiten und der dadurch bedingten Scheu des Arbeitsgebers, Arbeitnehmer mit körperlichen Krankheiten zu entlassen, da er gerichtliche Gegenwehrmaßnahmen und Imageschädigung zu befürchten hat. Die Auswertung in Bezug auf "selection out of unemployment" ergibt weder signifikante Koeffizienten für physische Krankheiten, noch für psychische Störungen.[11] Die Studie lässt demnach kein Plädoyer für die Selektionshypothese zu, aber sie weist darauf hin, dass Selektionseffekte keinesfalls unbeachtet bleiben dürfen und für eine Wertung in ein Verhältnis mit den regionalen Einstellungen und den Arbeitnehmergesetzen gebracht werden müssen.

Elkeles und Seifert vom Wissenschaftszentrum Berlin liefern 1993 mit einem Auswertungsresultat zugunsten der Selektionshypothese, eine Langzeitanalyse von Daten des sozioökonomischen Panels in fünf Wellen von 1984 bis 1988 mit 5516 erwerbstätigen und arbeitslosen Personen deutscher Staatsangehörigkeit von 18 bis 64 Jahren. Ein Auswertungsergebnis ist zum einen der unabhängig von Bildungsstand, Beruf, Alter und Geschlecht in jeder Welle vorhandene Bestand eines schlechteren Gesundheitszustandes Arbeitsloser in Form von chronischen Beschwerden, Behinderungen und Schwerstbehinderungen.[12] Da diese Indikatoren die potentiellen Folgen der Arbeitslosigkeit wie leichtere psychische und psychosomatische Störungen nicht erfassen,

---

[10] Ebd. S. 199 bis S. 201.
[11] Vgl. ebd. Mastekaasa, A.: Unemployment and Health: Selection Effects. In: Journal of Community and Applied Social Psychology. Vol. 6 (3). 1996. S. 192. S. 202 bis Se. 203.
[12] Vgl. Elkeles, T./Seifert, W.: Arbeitslose und ihre Gesundheit: Langzeitanalysen für die Bundesrepublik Deutschland. In: Sozial- und Präventivmedizin. Vol. 38 (3). 1993. S. 149 bis S. 150.

analysierten Elkeles und Seifert die „Gesundheitszufriedenheit" als Indikator für Gesundheitsbeeinträchtigungen mit der Annahme, „[...] dass er eine subjektive Bewertung aller Dimensionen der Gesundheit darstellt, also auch leichtere körperliche und psychische Befindlichkeitsstörungen anzeigt."[13]

Das Analyseergebnis ist die Kennzeichnung von sowohl chronisch kranken als auch chronisch nicht kranken Arbeitslosen als Gruppe mit bei Vergleich zu chronisch kranken und nicht chronisch kranken Erwerbstätigen geringerer Gesundheitszufriedenheit.

Dieses Ergebnis „[...] könnte man als Ausdruck gesundheitlicher Belastungen der Arbeitslosigkeit interpretieren."[14] Zur Überprüfung dieser Kausationshypothese untersuchten die Forscher den Zusammenhang zwischen wellenzyklischen Wechseln im Erwerbsstatus und Gesundheitszufriedenheit. Hier ist das Resultat die Bestätigung der die Selektionshypothese unterstützenden Konstanz-Annahme. Diese bestätigt sich durch einen Personenanteil von 21 % mit exakt unveränderter Gesundheitszufriedenheit vor und nach Verlust des Arbeitsplatzes, sowie einem Personenanteil von 59 % mit Schwankungen der Gesundheitszufriedenheit um nur einen Skalenwert. Bei umgekehrter Analyse stellt man bei Konstatierung ähnlicher Zahlenverhältnisse eine Analogie fest. „In allen Jahresübergängen ergibt sich ein Anteil von mehr als 50 % der Wiederbeschäftigten, die den gleichen bzw. lediglich um einen Punkt veränderten Skalenwert wie im Vorjahr angeben."[15] Die konstanten Werte sprechen gegen die Hypothese, dass die Länge der Arbeitslosigkeit den Gesundheitszustand signifikant beeinflusst. Elkeles und Seiferts Studie hat den Nachteil, dass einzelne Symptome wie beispielsweise Depression, Sorge, Nervosität und Konzentrationsschwäche nicht erfasst sind. Wegen dieses Differenzialisierungsmangels kann man vermuten, dass der Indikator „Gesundheitszufriedenheit" den Gesundheitszustand ungenau misst. Möglicherweise lassen einige Befragte die Integration psychischer Symptome bei der Bewertung der Gesundheitszufriedenheit aus, wenn man ihnen keine sehr ausdifferenzierten Indikatoren als Bemessungsmaßstäbe vorgibt, da sie sozialisationsbedingt Gesundheit als Gesundheit des Körpers und nicht der Psyche, definieren. Möglicherweise wird auch durch die Gesundheitszufriedenheit als einzigen Indikator kein hoher Anreiz geliefert, reflektiert und konzentriert über die eigene Gesundheit zu urteilen, wohingegen eine Reihe von Indikatoren einen höheren Anreiz für die Gesundheitsanalyse in Selbsteinschätzung, bietet. Diesen Möglichkeiten kann an dieser Stelle nicht nachgegangen werden. Sie sind an dieser Stelle als Aufforderung aufgeführt, dass deutliche Plädoyer der Studie für die Selektionshypothese, kritisch zu betrachten.

[13] Ebd. S. 150.
[14] Ebd. S. 152.
[15] Elkeles, T./Seifert, W.: Arbeitslose und ihre Gesundheit: Langzeitanalysen für die Bundesrepublik Deutschland. In: Sozial- und Präventivmedizin. Vol. 38 (3). 1993. S. 153.

Gros-Breuer von der „Medizinischen Hochschule Hannover' findet 1999 mittels einer Interviewstudie mit 33 arbeitslosen und 2 verrenteten (teil)stationären als schizophren diagnostizierten Patienten, da mehrheitlich die Krankheitssymptome der Arbeitslosigkeit vorausgingen, mehr Hinweise für Selektion als für Kausation. Gros- Breuer fordert in Anbetracht eines Gesamtanteils der Selbstkündigungen aus Krankheitsgründen und damit verbundener Probleme am Arbeitsplatz in Höhe von 50 %, eine Analyse von Selektionsprozessen nach Differenzierung in „auto- und heteroselektive Anteile". Bei 75 % der Frauen und 48 % der Männer, die glauben, ihre seelische Situation könne sich durch einen Arbeitsplatz verbessern und 75 %, die sich durch die Arbeitslosigkeit isoliert fühlen, sehen sich in Bezug auf die Wiedereingliederung in den Beruf 55 % krankheitsbedingt nicht in der Lage, bald auf Arbeitssuche zu gehen, wobei immerhin 50 % den letzten Arbeitsplatz als stabilisierend empfunden haben.[16]

Diese Zahlen sprechen für die starke Funktion schwerer psychischer Erkrankungen wie hier die Psychosen aus dem schizophrenen Formenkreis darstellen, als Selektionseffekt auf dem Arbeitsmarkt, und zwar sowohl für die Ebene „selection into unemployment" als auch für die Ebene „selection out of unemployment". Der Selektionsmechanismus wird durch Gros-Breuer unter Heranziehung von Ergebnissen repräsentativer Untersuchungen, die signifikant höhere Fallraten von psychiatrischen Fällen unter Arbeitslosen nachweisen, untermauert.[17]

II. 3. Forschungsresultate als Unterstützung für die Kausationshypothese

Hamilton von der „Washington University in St Louis" in den USA, sowie Merrigan und Dufresne von der „Université du Québec à Montréal" in Kanada, formulieren 1997 auf Datenbasis einer Umfrage von 1984 bis 1987 zu vier Befragungswellen mit zu Beginn der Studie 350 arbeitslosen und 330 erwerbstätigen Montréaler Einwohnern zwischen 20 und 49 Jahren, Aussagen zur kausalen Beziehung zwischen Arbeitslosigkeit und psychischer Gesundheit, wobei diese mit dem „Psychiatric Symptom Index" (PSI) erfasst wird, der aus 29 Items zu psychischen Symptomen in Form von Fragen gebildet wird, in einer Ordinalskala von 0 bis 3 zu bewerten. Der PSI klassifiziert zum einen in hohe und niedrige Symptomatik, zum anderen in die in der Psychopathologie vorherrschenden Symptomatiken durch Differenzierung in die vier Cluster „depression, anxiety, anger and cognitive disturbance." Der Index für jeden Probanden wird gebildet durch die Summierung der Indikatoren nach Skalenwerten.

---

[16] Gros–Breuer, S.:Arbeitslosigkeit und Psychische Erkrankung am Beispiel Schizophrenie. Hannover 1999.
   Hannover 1999. Dissertation. S. 104 bis S. 115.
[17] Gros – Breuer, S.: Arbeitslosigkeit und Psychische Erkrankung am Beispiel Schizophrenie. Hannover 1999. Dissertation. S. 60.

Je höher also der PSI-Wert, desto schlechter der psychische Gesundheitszustand.

Ein Hauptergebnis der Analyse ist beim Wechsel vom Erwerbsstatus zum Arbeitslosenstatus ein Anstieg des PSI und umgekehrt beim Wechsel vom Arbeitslosenstatus zum Erwerbsstatus ein Absinken des PSI, wobei das Vorhandensein von sozialer Unterstützung und körperlicher Aktivität mit einem Absinken des PSI korrelieren.[18] Die Gründe für diese die Kausationshypothese unterstützenden Verhältnisse identifiziert die Studie nicht. Hypothetisch gehen die Forscher davon aus, dass „[...] the comraderie and stimulation of work may lead to improves mental health; on the other hand, the stress and stigma of being unemployed may be the driving factor distinguished the employed and unemployed."[19]

Graetz von der "La Trobe University" in Australien versucht 1993 eine Antwort darauf zu finden, warum der psychische Gesundheitszustand, erfasst durch den „General Health Questionnaire" (GHQ) mit 12 Items zu psychischen Symptomen wie Schlaflosigkeit, Konzentrationsschwäche, Niedergeschlagenheit, Depression, Verlust des Selbstvertrauens mittels einer 3-Punkte-Skala zu bewerten, beim Wechsel vom Erwerbsstatus zum Arbeitslosenstatus steigt und im umgekehrten Falle sinkt. Graetz Analyse integriert Daten einer Längsschnittbefragung von 1985 bis 1988 in vier Wellen von 5132 australischen Probanden von 16 bis 25 Jahren, von denen mehr als die Hälfte durchgehend erwerbstätig sind. Graetz untersucht die Korrelationen der Variablen ‚Qualität der Arbeit' und ‚GHQ-Wert'. Resultat dieser Verhältnissetzung sind steigende bzw. sinkende GHQ-Werte im Falle der Zufriedenheit bzw. Unzufriedenheit der Arbeitslosen mit der früheren Tätigkeit und sinkende bzw. steigende GHQ-Werte im Falle der Zufriedenheit bzw. Unzufriedenheit der Wiederbeschäftigten mit der neuen Erwerbstätigkeit.

Graetz geht weiter der Frage nach, ob der Gesundheitszustand zum Zeitpunkt der Arbeitslosigkeit als Prädisposition dafür gilt, dass einige Wiederbeschäftigte mit der Qualität ihrer Arbeit bei relativer Zufriedenheit anderer unzufrieden sind, was bei Vergleich der GHQ-Werte und Konstatierung von nicht signifikanten Unterschieden verneint werden kann.[20] Im Falle von hohen Unterschieden der GHQ-Werte hätte man die Erklärung, dass Personen mit schlechterem Gesundheitszustand auf dem Arbeitsmarkt von qualitativ höherwertigen Arbeitsplätzen ausgeschlossen werden, anführen können, was eine Unterstützung der Selektionshypothese impliziert hätte. Die Studie liefert leider keine Kenntnis über die Berufe und Arbeitsplatzbedingungen der Probanden. Man kann jedoch davon ausgehen, dass die subjektive Qualität der Arbeit am Bestand oder Nichtbestand von gesundheitsgefährdenden Arbeitsbedingungen wie Lärmfaktoren, chemikalischen und

---

[18] Vgl. Hamilton, V. H./Merrigan, P./Dufresne, É.: Down and out: Estimating the relationship between mental health and and unemployment. In: Health Economics. Vol. 6 (4). 1997. S. 400 bis S. 404.
[19] Ebd. S. 404.
[20] Vgl. Graetz, B.: Health consequences of employment and unemployment. Longitudinal Evidence for young men and women. In: Social Science and Medicine. Vl. 36 (6). 1993. S. 716 bis. S. 722.

körperlichen Belastungsfaktoren, sowie psychischen Belastungsfaktoren beispielsweise durch ein schlechtes Sozialklima, gemessen wird.

Die Ergebnisse der Studie implizieren die Unterstützung eines kausalen Effektes von Arbeitsqualität auf den psychischen Gesundheitszustand.

Graetz macht sich verdächtig, die Wirkungseffekte auch bestätigen zu wollen, da er trotz gegebener Längsschnittdaten die Erforschung von Selektionsmechanismen vernachlässigt.

Ein Hinweis auf Selektion ist beispielsweise der bei Vergleich mit durchgehend Erwerbstätigen Anno 1985 höhere GHQ-Wert der Gruppe der Erwerbstätigen, die Anno 1986 arbeitslos sind. Dieses Zahlenverhältnis wird von Graetz nicht weiterverfolgt.[21]

II. 4. Forschungsresultate als Unterstützung für die Selektionshypothese und die Kausationshypothese

Kraut, Mustard, Walld und Tate von der „University of Manitoba" in Kanada untersuchen in einer Anno 2000 veröffentlichten Studie die Frage, ob eine frühere Inanspruchnahme von medizinischen Leistungen spätere Arbeitslosigkeit vorhersagt.

Zur Untersuchung dieser Beziehung vergleichen die Forscher 1986 erhobene Daten des Kanadischen „Census Records" mit „comprehensive health care information" aus Hospitälern von 1983 bis 1989 zwischen 1498 arbeitslosen und 18 272 erwerbstätigen Personen. Die Selektionshypothese wird bei Konstatierung einer durchschnittlich zum Zeitpunkt der Erwerbstätigkeit höheren Inanspruchnahme medizinischer Leistungen, die psychische Gesundheit betreffend, bestätigt. Die Kausationshypothese wird bei Konstatierung einer im Vergleich zum Zeitpunkt der Erwerbstätigkeit deutlich höheren Inanspruchnahme medizinischer Leistungen während der Phase der Arbeitslosigkeit, sowohl die psychische als auch die physische Gesundheit betreffend, bestätigt.[22] Folgendes können die Forscher der Hypothese, dass die höhere Inanspruchnahme medizinischer Leistungen durch Arbeitslose nicht begründet ist in einem schlechteren Gesundheitszustand, sondern in einem veränderten Nutzungsverhalten medizinischer Leistungen, entgegenhalten: „Our results showed greater differences in hospitalization than for ambulatory care utilization and in health care treatment für injuries and poisonings than for other conditions. This pattern is more in keeping with a change in health status of the unemployed rather than an increase in health-care-seeking behavior."[23]

Lester und Yang von der „Drexel University" in Philadelphia/USA untersuchen durch Vergleiche von US-amerikanisch Arbeitslosenraten und Suizidraten von 1933 bis 1985, ob

---

[21] Vgl. ebd. S. 721.
[22] Vgl. Kraut, A./Mustard, C./Walld, R./Tate, R.: Unemployment and health care utilization. In: Scandinavian Journal of Work, Environment and Health. Vol 26 (2) 2000. S. 169 bis S. 170.
[23] Ebd. S. 176.

ein diesbezüglicher Zusammenhang besteht. Das Resultat der Analyse ist die Kennzeichnung der Erhöhung bzw. Senkung der Arbeitslosenrate als Prädiktor für die Erhöhung bzw. Senkung der Suizidrate. In einer zweiten Studie vergleichen Lester und Yang den US-amerikanischen Fall mit zwölf in der Mehrzahl westlichen Nationen. Bei Vergleich der Regressionskoeffizienten kann der USA-Koeffizient als einzig statistisch signifikant gekennzeichnet werden bei neun nicht statistisch signifikanten positiven Koeffizienten der Vergleichsstaaten. [24]

Als hypothetische Erklärung für diesen Unterschied kann man den Mangel an finanziellem und sozialem Unerstützungsnetzwerk in den USA anführen und dem dadurch bedingtem hohen Risiko für den Arbeitslosen, in eine sozial höchst dramatische Lage zu gelangen, für die es keine lebenswerte Anpassungsstrategie gibt. Lester und Yang verharren leider in der Datenanalyse und gehen diesen ursächlichen Fragen nicht nach.

Morrell, Taylor, Susan Quine und Kerr von der „University of Sydney" in Australien führen eine zu Lester und Yang analoge Analyse mit dem Unterschied der Geschlechterdifferenzierung, und zwar auf Australien von 1920 bis 1990 bezogen, durch. Das Resultat der Analyse ist zum einen eine von der Arbeitslosenrate unabhängige und relativ niveaustabilen Suizidrate der Frauen, während sich die Suizidrate der Männer mit der Arbeitslosenrate bewegt.[25] Als hypothetische Erklärung für diesen Unterschied kann die Ausweichmöglichkeit der Frauen in eine traditionelle Eherolle angeführt werden, während das männliche Geschlecht gesellschaftliche Anerkennung in der Ernährerrolle findet, welche durch Arbeitslosigkeit nicht erfüllt werden kann, was möglicherweise wegen des Verlustes einer Identitätsbasis einen Auslöser für Suizid darstellt.

Die Forscher unterziehen dem australischen Fall wie auch Lester und Yang einem Vergleich mit anderen Staaten, wonach durch Regressionsanalyse bei Konstatierung von nichtsignifikanten Werten für Deutschland, Schweden und Japan, Australien nach den USA und Kanada ansiedelt werden kann. Als ursächliche Erklärung für diese Form von Länderverhältnissen nennen die Forscher für Japan die Unterstützung des Arbeitslosen durch ein starkes Familiensystems, für Deutschland und Schweden die verhältnismäßig adäquaten staatlichen Arbeitslosenunterstützungssysteme , sowie für USA, Kanada und Australien diesbezügliche Mängel.[26]

Die zwei empirischen Forschungen zum Zusammenhang von Arbeitslosigkeit und Suizid liefern keine Belege für kausale oder selektive Effekte. Ihr Wert liegt im Verweis auf die Abhängigkeit des Zusammenhangs von Suizid- und Arbeitslosenraten von Staaten bzw. den dazugehörigen sozialen und familiären Netzwerken.

---

[24] Lester, D./Yang, B.: Suicide, homicide and unemployment. In: Applied Economics Letters. Vol. 2 (8). 1996. S. 278 bis S. 279.
[25] Vgl. Morrell, S./Taylor, R./Quine, S./Kerr, C.: Suicide and unemployment in Australia 1907 - 1990.
  In: Social Science and Medicine. Vol. 36 (6). 1993. S. 751 bis S. 752.
[26] Vgl. Morrell, S./Taylor, R./Quine, S./Kerr, C.: Suicide and unemployment in Australia 1907 - 1990.
  In: Social Science and Medicine. Vol. 36 (6). 1993. S. 754.

Diese Vernetzung lässt einen direkten Zusammenhang zwischen dem sozialen und wirtschaftlichen Hintergrund der Arbeitslosigkeit und dem Suizid und damit einen indirekten Zusammenhang zwischen Arbeitslosigkeit und Suizid vermuten.

Wie mittels obiger empirischer Studien aufgezeigt wurde, besteht eine Beziehung zwischen Gesundheit und Arbeitslosigkeit sowohl auf kausaler als auch auf selektiver Ebene. Annehmen kann man dieses Ineinandergreifen auch für den Suizid. Möglicherweise hat die Arbeitslosigkeit als kritisches Belastungsereignis eine Auslöserfunktion für den Suizid inne, womit ein kausaler Effekt gegeben ist.

Diesen Gedanken unterstützend, findet Gros-Breuer von der ‚Medizinischen Hochschule Hannover' in seiner oben vorgestellten Interviewstudie einen Anteil von fast 30 % mit Suizidgedanken wegen unsicherer beruflicher Perspektive.[27]

Möglicherweise ist die Person, die im Status der Arbeitslosigkeit Suizid begeht, wegen eines Mangels an Gesundheitszustand oder Gesundheitsverhalten gekündigt worden, was auf einen selektiven Effekt hinweist. Dass dem Suizid im Regelfall eine psychische Erkrankung vorausgeht, spricht für diesen selektiven Effekt.

Henkel von der Fachhochschule Frankfurt am Main weist bei seiner Analyse von empirischen Studien über den Zusammenhang von Arbeitslosigkeit und Alkoholismus auf das Ineinandergreifen von kausalen und selektiven Effekten hin:

„Unter Verhältnissen ansteigender Massenarbeitslosigkeit verschärft sich die Personalauslese in Betrieben und Verwaltungen mit der Folge, dass Alkoholabhängige überproportional den Arbeitsplatz verlieren. Die dann oft langanhaltende Arbeitslosigkeit [...] führt dazu, dass sich die Alkoholabhängigkeitsproblematik, der Leidens- und zum Teil auch der von Bezugspersonen ausgeübte Behandlungsdruck signifikant häufiger intensivieren, als dies unter Bedingungen von Erwerbstätigkeit der Fall gewesen wäre."[28]

Neben dem empirischen Nachweis von höheren Prävalenzraten bei Arbeitslosen und der empirischen Aussage, dass eine höhere Rückfallquote bei Alkoholabstinenz von alkoholabhängigen Arbeitslosen im Vergleich zu alkoholabhängigen Erwerbstätigen besteht, sowie der Tatsachenfeststellung, dass die Zeit nach Beginn der Massenarbeitslosigkeit in Deutschland und seit Systemumbruch mit einer extremen Erhöhung alkoholabhängiger Arbeitsloser in allen Sektoren der Suchtkrankenversorgung einhergeht[29], kennzeichnet Henkel die Länge der Arbeitslosigkeit als für die Männer geltende Risikofunktion „[...] für die Entwicklung bzw. die Intensivierung und Chronifizierung von Alkoholproblemen, von Alkoholabhängigkeiten und

---

[27] Gros – Breuer, S.: Arbeitslosigkeit und Psychische Erkrankung am Beispiel Schizophrenie. Hannover 1999. Dissertation. S. 102.
[28] Henkel, D.: Arbeitslosigkeit und Alkoholismus – Epidemiologische Zusammenhänge und kausale Effekte.
In: Sucht und Arbeitslosigkeit. (Un-)möglichkeiten der beruflichen Rehabilitation und Integration Suchtkranker. Stuttgart 1999. S. 52.
[29] Vgl. Ebd. S. 43 bis S. 53

Alkoholkrankheiten [...]."[30] Henkel kritisiert, dass die Frage, warum die Alkoholproblematik eng verknüpft ist mit der Arbeitslosigkeit, unzureichend untersucht sei. Er versucht daher der Frage hypothetisch auf die Spur zu kommen. So vermutet Henkel den Motivationsgrund, Alkohol als Droge zu konsumieren, in einem Bündel von Problemlagen, welche die Arbeitslosigkeit mit sich bringt. Die Charakteristika der Arbeitslosigkeit wie Deprivation und damit einhergehende soziale Isolation würde den Ausschluss eines sozialen Kontrollsystems und damit den Wegfall von äußeren Disziplinierungseffekten bezüglich des Alkoholkonsums, implizieren.[31]

Der empirische Nachweis von der kleineren Rückfallquote alkoholabhängiger Erwerbstätiger bei Alkoholabstinenz weist auf den therapeutischen, kontrollierenden und disziplinierenden Effekt von Arbeit und Arbeitsplatz hin.

Anne Hammarström und Janlert von der „Umea University" in Nordschweden fragen 1997 „Nervous and depressive symptoms in a longitudinal study of youth unemployment – selection or exposure?" und finden bei sehr differenzierter Datenanalyse aus qualitativen Interviews mit 169 Langzeitarbeitslosen und quantitativen Befragungen von 1981 und 1986 in zwei Wellen mit 1060 16 bzw. 21-Jahre alten Jugendlichen, Unterstützung sowohl für die Kausations- als auch für die Selektionshypothese. Die psychische Gesundheit wird bei beiden Befragungszeitpunkten mit 7 bzw. 3 Fragen zu nervösen bzw. depressiven Symptomen, erfasst. Die erste Analyseebene setzt Daten des Erwerbsstatus von 1986 ins Verhältnis mit Daten zur psychischen Gesundheit von 1981 mit dem Zweck, eine Wahrscheinlichkeitsaussage bezüglich des Risikos der Arbeitslosigkeit während der 5-Jahresphase, zu treffen. Ergebnis ist die Kennzeichnung von psychischen Symptomen als Prädiktor für das Risiko, arbeitslos zu werden.[32]

Damit sind psychische Symptome als Selektionsfunktion identifiziert.

Die zweite Analyseebene untersucht den Wirkungseffekt von Arbeitslosigkeit auf die psychische Gesundheit. Hier sind Daten von 1981 und 1986 zur psychischen Gesundheit in einen Zusammenhang mit dem Erwerbsstatus im Jahr 1986, gebracht. Das Resultat kann man als für beide Geschlechter geltend die Kausationshypothese unterstützenden „ Je – desto – Satz" formulieren: Je länger ein Jugendlicher arbeitslos ist, desto stärker ist das Auftreten psychischer Symptome.[33] Damit ist Arbeitslosigkeit in ihrer Dauer als Kausationsfunktion identifiziert.

Das Auswertungsresultat der qualitativen Interviews ist eine Isolierung von 4 Beziehungen, welche die Arbeitslosigkeit unterhält:

---

[30] Ebd. S. 47.
[31] Vgl. Ebd. S. 49 bis S. 50.
[32] Vgl. Hammarström, A./Janlert, U.: Nervous and depressive symptoms in a longitudinal study of youth unemployment - selection or exposure? In: Journal of Adolescence. Vol. 20(3).1997. S.295 bis S.296.
[33] Vgl. ebd. S.297 bis S.298.

❖ **„Unemployment leads to increased health."**

> *Dieser Satz gilt bei Fällen mit dem Wissen um saisonale Arbeitslosigkeit und dadurch bedingtem Empfinden der Arbeitslosigkeit als bezahlten Urlaub, sowie im Falle von Charakteren, bei denen Glück- und Sinnerfüllung eher durch das Ausleben von Freizeitaktivitäten als durch ein Erwerbsleben realisiert wird.*

❖ **„Unemployment does not affect health."**

> *Dieser Satz gilt bei Fällen mit kurzer Dauer der Arbeitslosigkeit und insbesondere im Falle der sinnvoll - aktiven Ausnutzung der Zeit.*

❖ **„Bad health/or health habits lead to unemployment."**

> *Dieser Satz gilt bei Fällen mit schwer psychiatrischen Erkrankungen oder im Falle des Alkoholmissbrauchs.*

❖ **"Unemployment leads to ill-health and deteriorated health habits."**

> *Dieser Satz gilt bei Fällen mit einem Teufelskreisempfinden, bei denen Mechanismen zwischen Arbeitslosigkeit und psychischen Symptomen wie „deteriorated self-confidence, self-blame, isolation, stress, resignation and lack of control over the situation", besonders ausgeprägt sind.[34]*

II. 5. Ein Fazit aus der Kausations-Selektions-Debatte

Vorgestellt wurden verschiedene Forschungsdesigns, die mit Auslegung auf die Kausations-Selektions-Debatte für den Zusammenhang zwischen Arbeitslosigkeit und Gesundheit Belege sowohl selektiver Art als auch kausaler Art gefunden haben.

Herauskristallisiert sind diese Beziehungen beeinflussende Variablen wie Länge der Arbeitslosigkeit, Art der Arbeitslosigkeit bzw. hier saisonale Arbeitslosigkeit, Arbeitsqualität bzw. Arbeitszufriedenheit, Geschlecht, soziale Unterstützung, körperliche Aktivität, Zeitausnutzung, Vorrang des Hobbys vor der Arbeit, wirtschaftliche Lage, Region/Staat, politische und gesetzliche Hintergründe, sowie Grad der psychischen Erkrankung. Diese Fülle verweist auf ein sehr komplexes Bedingungsgefüge, von dem der Zusammenhang zwischen Arbeitslosigkeit und Gesundheit abhängt und aus dem eine

---

[34] Vgl. ebd. S. 299 bis S. 301.

Vielzahl von Variationen abgeleitet werden kann. Zum Einfluss der sogenannten Moderatorvariablen auf den Zusammenhang zwischen Arbeitslosigkeit und Gesundheit gibt es zahlreiche empirische Forschungen. Auf eine Studie mit verstärkter Ausrichtung auf den Einfluss von Moderatorvariablen soll beispielhaft kurz hingewiesen werden.

Underlid vom ‚Bergen College of Advanced Education' in Norwegen konstatiert 1997 als Ergebnis einer quantitativen Interviewstudie im Querschnitt von 1983 bis 1984 mit 213 Arbeitslosen zwischen 20 und 66 Jahren, einen Zusammenhang zwischen geringer finanzieller Potenz und geringen Freizeitaktivitäten, was auf eine Einschränkung der Wahlmöglichkeiten bei Freizeitaktivitäten, hinweist. Weiter konstatiert Underlid bei arbeitslosen verheirateten oder in fester Partnerschaft lebenden Personen ohne Kinder niedrige Werte für finanzielle Schuldverpflichtungen als im Falle von Nachwuchs. Eine Korrelation von niedrigeren Schuldverpflichtungen und niedrigerer psychischer Belastung von Frauen sowie niedrigerer psychosomatischer Belastung bei Männern lässt ihn schlussfolgern, dass finanzielle Probleme, in ihrer quantitativen Abhängigkeit vom Personenstand, Gesundheitsprobleme kreieren können. [35]

Den schwerpunktsetzenden Zugang zum Zusammenhang von Arbeitslosigkeit und psychischer Gesundheit über die Kausations-Selektions-Debatte zu finden und nicht über empirische Studien zum Einfluss von Moderatorvariablen kann hier als sinnvoll konstatiert werden, weil so grobe Kenntnis über die Struktur des Zusammenhangs und den aktuellen Forschungsstand vermittelt wurde, was als solide Wissensbasis für die weitere wissenschaftliche Auseinandersetzung fungiert. Für sich stehend ist dieser Zugang unbefriedigend, weil er die Frage nach den Gründen von psychischen Störungen und die Frage nach den Gründen von unterschiedlichen Verhaltensmustern, außer acht lässt. Auch die genaue Beschreibung von psychischen Störungen im Prozess der Arbeitslosigkeit ist durch Längsschnittstudien nicht zu leisten. Diese eignen sich vielmehr dazu, grobschnittige Zusammenhänge zu finden wie im Fall der Kausations-Selektions-Debatte. Anne Hammarström und Janlert ziehen aus den Reslutaten der qualitativen Studie, eine Forderung, welche einen kritischen Fingerzeig auf die Mängel der aktuellen Arbeitslosenforschung beinhaltet:

„There is a need for more qualitative unemployment research in order to identify unknown or insufficiency understood features of unemployment that affect health so that variations and structures, processes and mechanisms can be discovered."[36]

---

[35] Vgl. Underlid, K.: Personal financial situation during unemployment and mental health. In: Scandinavian journal of social welfare. Vol. 6 (1). 1997. S. 2 bis S. 12.

[36] Hammarström, A./Janlert, U.: Nervous and depressive symptoms in a longitutional study of youth unemployment - selection or exposure? In: Journal of Adolescence. Vol. 20(3).1997. S.295 bis S.296. S. 303 bis S. 304.

III. Arbeitslosigkeit und psychische Gesundheit
Variationen – Strukturen – Prozesse – Mechanismen –Verarbeitung

Ein Zugang in Bezug auf die Kapitelüberschrift soll nun über die Marienthalstudie und über theoretische Modelle bei kritischer Reflektion durch Douglas Ezzy, gefunden werden. Arbeitslosigkeit und seine Bedeutung für die psychische Gesundheit im Prozess zu erfassen, ist historischer Ausgangspunkt der Arbeitslosenforschung, die bis heute Relevanz hat. Diesen Ausgangspunkt stellt die **Marienthalstudie von Marie Jahoda, Paul F. Lazarsfeld und Hans Zeisel und anderen**, dar. Bei dieser Anno 1933 vom ‚Psychologischen Institut Wien' veröffentlichten Studie mit den Methoden der Befragung und Beobachtung, ist der Untersuchungsgegenstand ein arbeitsloses Dorf in Niederösterreich, wobei das Aufzeigen der psychischen Situation des Dorfes ein Forschungsziel darstellt. Bei der Marienthaler Untersuchung waren die Zeitverwendung der Arbeitslosen, die finanzielle Haushaltsordnung, die familiäre Situation, der allgemein soziale Umgang, sowie der psychische und physische Gesundheitszustand, sowie die Herauskristallisierung von Verarbeitungsformen, Forschungsschwerpunkte. [37]

Marie Jahoda etabliert über ihre Publizierungen das heute in Konkurrenz zu anderen Modellen stehende, von der Marienthalstudie stark beeinflusste **"Deprivations – Funktionsmodell"** und definiert über dieses Modell die Rolle der Arbeit für den Menschen. Funktionen von Arbeit wie die Schaffung von finanzieller Sicherstellung, Status, Identität, Aktivität, Zeitstruktur, sozialer Eingebundenheit und Zielbestimmung in Gemeinschaftlichkeit, gehen als Verluste gemeinsam einher mit dem Verlust der Arbeitsstelle. Für eine Arbeitsstelle gibt es wegen der Erfüllung dieser zahlreichen Funktionen kein Äquivalent.[38] **Ezzy von der "La Trobe Univesity" in Australien** kritisiert das Modell als einseitig: „Jahoda's analysis is explicitly limited to the benefits of employment [...]."[39] Damit schließt das Modell einen Gewinn von psychischer und physischer Gesundheit durch die Arbeitslosigkeit aufgrund gesundheitsschädlicher Arbeitsplatzbedingungen wie Lärm, Chemikalien und Präsenz von Mobbing, aus. Neben der Begrenzungskritik führt Ezzy eine Kritik, die Uniformität des Modells, betreffend, an: „The approach ignores the interpretative process of individuals undergoing the experience of becoming unemployed."[40] Dieser Ausschluss individueller Merkmale impliziert eine Absage an eine Vielfalt von zu berücksichtigenden Variablen.

Lazarsfeld als Untersuchungsleiter der Marienthalstudie entwickelt ebenfalls aufbauend auf Forschungsergebnisse der Marienthalstudie gemeinsam mit Eisenberg ein 1938 im Exil

---

[37] Jahoda, M./Lazarsfeld, P. F./Zeisel, H. (Hg.): Die Arbeitslosen von M.nthal. Ein soziographischer Versuch.
Frankfurt 1975. (Die erste Auflage erschien 1933 im Verlag S. Hirzel, Leipzig.)
[38] Vgl. Jahoda, M.: Wieviel Arbeit bracht der Mensch? Arbeit und Arbeitslosigkeit im 20. Jahrhundert.
3. Auflage. Weinheim/Basel 1986. S. 43 bis S. 52.
[39] Ezzy, D.: Unemployment and mental health: A critical review. In: Social Science and Medicine. Vol. 37 (1). 1993. S. 46.
[40] Ebd. S. 44

veröffentlichtes **„Phasenmodell"**, das den Verlauf der psychischen Reaktionen auf die Arbeitslosigkeit, beschreibt, gekennzeichnet durch die Reaktionsmuster Schock wegen Arbeitsplatzverlust – Optimismus bei der Arbeitssuche – Pessimismus bei der Arbeitssuche – Fatalismus.[41] Als Kritik an diesem Modell kann man seine Eindimensionalität anführen, weil dadurch die Arbeitslosen als homogene Gruppe mit berechenbarem Reaktionsmuster angenommen werden, sowie die Länge der Arbeitslosigkeit als für die psychische Gesundheit und Verhaltensweisen einzig relevante Variable angenommen wird. Ein im Vergleich zu den Modellen von Jahoda und Lazarsfeld komplexeres Modell mit Variationsmöglichkeiten ist über eine Integration einer Vielzahl von Umweltbedingungen gelungen. **„Warr's vitamin model"**[42] aus England von 1987 nimmt eine Vergleichbarkeit zwischen Effekten von Vitaminen auf die körperliche Gesundheit und Effekten von Umweltbedingungen auf die psychische Gesundheit, an. Basierend auf dieser Annahme, identifiziert Warr neun Umweltbedingungen beziehungsweise Vitamine, welche für die psychische Gesundheit essentiell sind: „Opportunity for control, opportunity for skill use, externally generated goals, variety, environmental clarity, availability for money, physical security, opportunity for interpersonal contact, and valued social position. The central contention of this model is that when levels of environmental 'vitamins' are low this will result in lowered levels of mental health."[43] Ezzy verweist darauf, dass die neun 'Vitamine' den Unterschied zwischen der Umwelt eines Erwerbstätigen und der Umwelt eines Arbeitslosen, verdeutlichen. "The commonly observed negative impact of unemployment can therefore be explained in terms of the impoverished environment of the unemployed."[44]

Bei Vergleich mit Jahoda's Deprivations- Funktionsmodell kristallisiert Ezzy zwei wesentliche Unterschiede heraus. Warr's Theorie geht von für die psychische Gesundheit essentiellen Umweltbedingungen aus, wohingegen Jahoda von einer für die psychische Gesundheit essentiellen Arbeit ausgeht. Die Möglichkeit, dass das Verlassen eines Arbeitsplatzes mit schlechten Umweltbedingungen in der Arbeitslosigkeit zu einer Verbesserung des psychischen Gesundheitszustandes führen kann, ist bei Warr damit nicht ausgeschlossen. „Further, the observed differences in mental health amongst other subgroups of the unemployed can be similarly explained in terms of variations in the environments of these subgroups."[45] Jahoda's dichotome Charakterisierung von Arbeit und Arbeitslosigkeit schließt dagegen Variationen aus. Auch der individuelle Gesundheitszustand einer Person ist in das Modell als Variable integriert: „People with

---

[41] Vgl. Eisenberg, P../Lazarsfeld, P.F.: The psychological effects of unemployed. Psychological Bulletin. Heft 35. 1938. Seite 358 bis S. 390.
[42] Vgl. Warr, P.: Work, Unemployment and Mental Health. Oxford 1987.
[43] Ezzy, D.: Unemployment and mental health: A critical review. In: Social Science and Medicine. Vol. 37 (1). 1993. S. 45.
[44] Ebd. S. 45.
[45] Ezzy, D.: Unemployment and mental health: A critical review. In: Social Science and Medicine. Vol. 37 (1). 1993. S. 45. S. 46.

high baseline mental health are affected less by low environmental vitamins than people with low baseline mental health."[46] Zugute hält Ezzy Jahoda, dass sie eine intensive Einsicht in die Erfahrung von Arbeitslosigkeit liefert, während in Warr's Modell Erfahrungen der Arbeitslosigkeit wie „lost opportunities, shattered trust and disenchantment of the unemployed are left undiscussed."[47]

"O'Brians analysis of personal control"[48] konstruiert eine Beziehung zwischen früheren Arbeitsbedingungen und Eigenständigkeit, indem die Reaktivität Arbeitsloser mit ihrer Rolle als abhängige und geführte Erwerbstätige erklärt wird. Die Beleuchtung der Kehrseite ergibt folgendes: „For example, when work has fostered a sense of personal control, behaviour during unemployment reflects this greater sense of personal efficacy."[49]

Dem Verweis von O'Brian auf das Zusammenspiel von Problembewältigung und individuellen Ressourcen soll durch die Vorstellung des **„Sense of Coherence" (SOC) von Antonovsky**, nachgegangen werden. Antonovsky versteht und entwickelt den SOC als eine Persönlichkeitsdisposition, von der die Wahrnehmung und Interpretation der Umwelt, abhängt. Der SOC bildet sich aus „comprehensibility", „manageability" und „meaningfulness". Weist eine Person auf allen drei Ebenen eine hohe Ausprägung auf, ist der SOC hoch entwickelt. Dies bedeutet, dass eine Person erstens die Umwelt rational und strukturiert wahrnimmt, zweitens Ressourcenreichtum für die Leistung von Anforderungen besitzt und drittens Motivationsreichtum für ein Annehmen von Herausforderungen vorhanden ist. Antonovsky betont, dass neben dem SOC und einem stabilen Selbstwertgefühl als interne Ressourcen, die externen Ressourcen so beschaffen sein müssen, das die Bewältigung des Problems möglich erscheint und dass über positive Bewältigungserfahrungen der SOC ausgeprägt und gestärkt wird.[50]

Mit einem Zitat von Ezzy soll die Betrachtung der theoretischen Modelle resümierend abgeschlossen werden:

„The debate between situation and person centred models of the person suggests that any attempt to improve on current theories should incorporate both social and psychological dimensions, recognising the interplay between the person as an active agent, constructing his or her daily life, and the person as constrained and in part determined by social location and social institutions which make up the broader social structure."[51]

Zusammenfassend kann man konstatieren, dass es kein bis dato konstruiertes Modell gibt, dass den Anspruch erfüllt, den Zusammenhang von Arbeitslosigkeit und psychischer

---

[46] Ebd. S. 46.
[47] Ebd. S. 46.
[48] O' Brian G./Feather, N.: The relative effects of unemployment and quality of employment on the affect, work values and personal control of adolescents. In: Journal of Occupational Psychology (63). 1990. S. 151 bis S. 165.
[49] Ezzy, D.: Unemployment and mental health: A critical review. In: Social Science and Medicine. Vol. 37 (1). 1993. S. 48.
[50] Vgl. Antonovsky, A.: Unraveling the mystery of health. San Francisco 1987. S. 19; S. 92; S. 107; S.149 bis S. 163.
[51] Ezzy, D.: Unemployment and mental health: A critical review. In: Social Science and Medicine. Vol. 37 (1). 1993. S. 47.

Gesundheit komplex zu erfassen. Die Modelle verweisen aber im Gesamtbild auf eine Vielzahl von die Beziehung von Arbeitslosigkeit und Gesundheit beeinflussenden Rollen:

-*Vielzahl von Umweltbedingungen*

- *psychischen Basisgesundheit*

-*Autonomie im Kontext*

   des Berufsstatus

-*Länge der Arbeitslosigkeit*

-*Arbeitsplatzbedingungen*

- *Arbeit*

- *individuellen Ressourcen*

  zur Problembewältigung

IV. Arbeitslosigkeit und psychische Gesundheit im Zusammenhang mit der Rolle der Arbeit für Ansehen und Identität

Drei gesellschaftliche Anerkennung absprechende Rollen sind in der öffentlichen Meinung in der Vergangenheit wie gegenwärtig aktuell. Der Arbeitslose wird als „ökonomischer Versager", als „Sozialschmarotzer" und in diesen Zusammenhängen als „politisches Instrument" gehandelt und von den Medien in Szene gesetzt.[52]

Ulla Rantakeisu, Starrin und Haquist vom „Centre for Public Health Research" und der „University of Göteborg" in Schweden untersuchen 1994 bei 502 16 bis 25 Jahre alten Arbeitslosen „[...] the relationship between the degree of shaming elements in unemployed young people's social environment and mental ill health."[53] Das Verhalten des Umfeldes in Form von Begegnung des Arbeitslosen mit Ärger, bewusster ganzheitlicher Ignorierung, fehlender Notiznahme von verbalen Äußerungen und Handlungen, Betrachtung als faul, gering qualifiziert, Äußerungen in verächtlicher Weise abgebend, wird durch die Arbeitslosen in sechs Fragestellungen in einer 4-Punkte-Skala eingeschätzt. Magenschmerzen, Kopfschmerz und Schlafstörungen sind Indikatoren für psychosomatische Beschwerden, während Depressionen, Kraftlosigkeit, Rastlosigkeit, Nervosität oder Sorge, Müdigkeit, Entspannungsschwierigkeiten, langes Brüten über Dinge, geringes Selbstvertrauen und trübe Zukunftsaussichten Indikatoren für das psychische Befinden darstellen. Ein Resultat der Studie ist: „A larger proportion of the long-term unemployed and men account for more shaming elements than do the short-term

[52] Vgl. zum öffentlichen Ruf Arbeitsloser:
Wogawa, D.: Missbrauch im Sozialstaat. Wiesbaden 2000.
Und: Hamann, S./Karl, A./Ullrich, C. G.: Entsolidarisierung? Leistungen für Arbeitslose im Urteil von Erwerbstätigen.
  Frankfurt/New York 2001.
Und: Uske, H.: „Sozialschmarotzer" und „Versager": Missachtung und Anerkennung in Diskursen über Massenarbeitslosigkeit.
  In: Holtgreve, U./Voswinkel, S./Wagner, G. (Hg.): Anerkennung und Arbeit. Konstanz 2000. S. 169 bis 192.
Und: Balon, K. H./Dehler, J. /Schön, B. (Hg.): Arbeitslose: Abgeschoben, diffamiert, verwaltet.
  Arbeitsbuch für eine alternative Praxis. Frankfurt am Main 1978.
[53] Rantakeisu, U./Starrin, B./Hagquist, C: Unemployment, shame and ill health – an exploratory study.
  In: Scandinavian journal of social welfare. Vol 6 (1). 1997. S. 14.

unemployed and women. [....] A greater proportion of those living in a more shaming environment show mental disorders, deteriorated health, changes in living habits, activities and social relations, than do those living in a less shaming environment. [...] Forty-two percent of the unemployed young people live in a more shaming social environment."[54] Die Differenzen zwischen den zwei Auswertungskategorien „Shaming element in the environment to a greater extent" und „Shaming elements in the envirtonment to a lesser extent" sind bei den Männern hinsichtlich der psychosomatischen und psychischen Merkmale höher als bei den Frauen, wobei darauf aufmerksam zu machen ist, dass die Werte bei den Frauen in beiden Kategorien mit Einzelausnahmen die der Männer übertreffen.[55] Eine Erklärung diesbezüglich ist möglicherweise die grundsätzlich höhere Fixierung und Achtsamkeit der Frauen auf Körper und Psyche. Die Frage ‚Arbeitslosigkeit als Nichterfüllung der männlichen Geschlechterrolle?' stellt sich bei Betrachtung der bei den Männern auftretenden hohen kategorialen Differenzen. „For example, the spread of serious psychosomatic disorders is 6 times higher among men who live in a more shaming environment than among men who live in a less shaming environment."[56] Dass danach das Ereignis Arbeitslosigkeit bei den Männern tiefgreifender wirkt, kann man hypothetisch mit der Bedeutung der Arbeit für die Männlichkeit und des damit verbundenen hohen Verantwortlichkeitsniveaus durch die traditionelle Ernährerrolle, erklären. Geringe Prozentwerte und kategoriale Differenzen bei beiden Geschlechtern zeigen sich in Bezug auf ein geringeres Niveau sozialer Kontaktereignisse, wobei jedoch eine deutliche Veränderung der Qualität aufgezeigt wird, erkennbar an höheren Werten und kategorialen Differenzen für den Abfall von Freizeitaktivitäten im Vergleich zur Zeit vor der Arbeitslosigkeit.[57] Ein Erklärungsansatz hierfür kann in dem Begriffsverständnis von Freizeit gesucht werden. Wenn man Freizeit als Erholung von Erwerbsarbeit und damit deutlicher Phasentrennung definiert und eine Arbeitslosigkeit sich durch eine Aufhebung dieser zeitlichen und qualitativen Grenzsetzungen kennzeichnet[58], verliert Freizeit an Bedeutungsrelevanz. Interpretieren kann man dieses Ergebnis aber auch als Hinweis auf ein Unvermögen, im Zustand der Arbeitslosigkeit Momente der Entspannung zu erleben. Eine Bestätigung hierfür stellen die Prozentwerte für Rastlosigkeit dar, bei 50 % aller Arbeitslosen vorhanden.[59] Auf die Frage, warum Deklassifizierungen durch das Umfeld zu

---

[54] Ebd. S. 13 bis S. 17.
[55] Vgl. ebd. S. 17 bis S. 18.
[56] Ebd. S. 17.
[57] Vgl. Rantakeisu, U./Starrin, B./Hagquist, C: Unemployment, shame and ill health – an exploratory study. In: Scandinavian journal of social welfare. Vol 6 (1). 1997. S. 18.
[58] Vgl. Kieselbach, T.: Arbeitslosigkeit und Gesundheit: Voraussetzungen und Möglichkeiten einer Gesundheitsarbeit mit Arbeitslosen. In: Maier, K./Müllensiefen, D. (Hg.): Der Teufelskreis von Arbeitslosigkeit und gesundheitlichen Einschränkungen. Möglichkeiten und Probleme sozialarbeiterischer und gesundheitspädagogischer Intervention. Östringen 1991. (=Forschungs- und Projektberichte, 1). S. 42.
[59] Vgl. Rantakeisu, U./Starrin, B./Hagquist, C: Unemployment, shame and ill health – an exploratory study. In: Scandinavian journal of social welfare. Vol 6 (1). 1997. S. 17.

einer Verschlechterung des psychischen Gesundheitszustandes führt, soll im folgenden versucht werden, eine Antwort zu finden.

Die Rollenzuweisungen, vom Arbeitslosen einerseits als „Fremdstigmatisierung" empfunden, andererseits im Bewusstsein einer dem eigenen Regelsystem widersprechenden „Normabweichung" in „Selbststigmatisierung" ausartend,[60] schaffen eine „[...] Differenz zwischen der abstrakten Anerkennung des Subjekts als Mitglied der Gesellschaft und der tatsächlichen Geltung des subjektiven Willens in der Lebenswelt."[61] Diese „Missachtung" ist nach **Silvia Krömmelbein von der Universität und der Fachhochschule in Frankfurt am Main**, Grundbaustein für eine „Anerkennungskrise", die sich im Erleben der Nichterfüllung eines Maßstabs von „Angemessenheits- und Berechtigungsvorstellungen", ausdrückt. Bei eigener Schuldzuweisung ist sie einhergehend mit dem Empfinden, „nicht anerkennungswürdig" zu sein und daraus resultierendem Schamgefühl, bei fremder Schuldzuweisung ist sie einhergehend mit dem Empfinden von „Wut und Empörung". Bei dem Verbleib des Arbeitslosen im ausgehandelten „Selbst- und Lebensentwurf", die Ressourcenquelle für die Bewältigungsversuche des Ereignisses Arbeitslosigkeit darstellend, kann es nach Krömmelbein zu einer „Identitätskrise" kommen. Zum Verständnis von Identität zieht Krömmelbein das Modell von der Ich-Identität als Balancehaltung zwischen personaler und sozialer Identität, heran und läuft damit in einer Linie mit Mead, Goffman, Habermas und Lau. Die „personale Identität" als manifestierter Selbst- und Lebensentwurf, sowie die „soziale Identität" als gesellschaftliche Anforderungen und Rollen, stehen im Falle einer Ich-Identität durch das Nichtvorhandensein von einerseits extremer Individualisierung, führend zu einer Isolierung, andererseits extremer Internalisierung gesellschaftlicher Normkonzepte, führend zu einer Entindividualisierung, in einem Basisverhältnis.[62]

Eine Identitätskrise entsteht somit im Falle einer Kontinuität der „personalen Identität" bei Umbruch der „sozialen Identität", denn die alten Interpretations- und Handlungsmuster, da sie auf einen Erwerbs- und Anerkennungsstatus beruhen, können keine konstruktive Bewältigungsstrategie für die neuen gesellschaftlichen Anforderungen und Rollen als Arbeitsloser liefern. Folge dieser „Differenz" ist der „Verlust zukunftsorientierter Handlungsfähigkeit" bei Erfahrung des eigenen Lebens als „fremdbestimmt". Auswirkung des Verharrens im Lebensentwurf ist bei einer Selbstzuweisung von Schuld der Verlust des Selbstwertgefühls.[63]

---

[60] Vgl. Friedrich, H./Wiedemeyer, M.: Arbeitslosigkeit – ein Dauerproblem. Dimensionen. Ursachen Strategien. 3. aktualisierte und völlig überarbeitete Auflage. Opladen 1998. S. 45.
[61] Vgl. Krömmelbein, S.: Identitätskrisen als Anerkennungskrisen. Umbrüche von Erwerbsarbeit und Sozialstrukturen in den neuen Bundesländern. In: Holtgreve, U./Voswinkel, S./Wagner, G. (Hg.): Anerkennung und Arbeit. Konstanz 2000. S. 196.
[62] Vgl. Krömmelbein, S.: Krise der Arbeit – Krise der Identität? Institutionelle Umbrüche der Erwerbarbeit und subjektive Erfahrungsprozesse in den neuen Bundesländern. Berlin 1996. S. 62 bis S. 64.
[63] Vgl. Krömmelbein, S.: Identitätskrisen als Anerkennungskrisen. Umbrüche von Erwerbsarbeit und Sozialstruktur in den neuen Bundesländern. In: Holtgreve, U./Voswinkel, S./Wagner, G. (Hg.): Anerkennung und Arbeit. Konstanz 2000. S. 197 bis S.199; S. 213.

Krömmelbein findet die Hypothese, dass eine Anerkennungskrise eine Identitätskrise entwickeln kann, in ihrer qualitativen Studie von 1993 bis 1994 bestätigt. Das Ergebnis der Auswertung der Leitfadeninterviews mit 14 Personen aus Ostdeutschland, kontinuierliche und diskontinuierliche Erwerbsverläufe aufweisend, besteht in der Herauskristallisierung dreier Identitätskonzepte. Eine „subkulturelle Verortung" bedingt eine „distanziert – alternative" Haltung zu gesellschaftlichen Normkonzepten bei Definition des Selbst über humane, materiellen Konsum absprechende Werte und der Zusprechung von Handlungsautonomie. Die „gesellschaftspolitische Verortung" bedingt die Selbstdefinition als „aktiv – konstruktives", gesellschaftlich verantwortliches Individuum, dazu befähigt, selbstbestimmt Zukunftsstrategien zu entwickeln. Arbeitslose, die man nach ihren Lebensentwürfen in diese beiden Modelle verorten kann, sind wegen ihrer selbstbewussten Stellung zu der Gesellschaft und ihres hohen Selbstwirksamkeitsglaubens in geringem Maße von einer Identitätskrise bedroht. Bei einer „alltagszentrierten Verortung" definiert sich jedoch das Subjekt über das Erwerbsleben und den Erwerbsstatus und begrüßt den durch den Erwerbsstatus eingegrenzten Raum als Sicherheit und Struktur verleihenden, Orientierungsrahmen. Alltagszentrierte Personen gründen nach Krömmelbein ihren Selbst- und Lebensentwurf „passiv – konstruktiv" auf gesellschaftliche Regelsysteme, wodurch Anpassungsprozesse an neue Situationen wie die Arbeitslosigkeit, erschwert werden. In dieser Gruppe, der nach Krömmelbein die Mehrheit der Menschen zugehörig sind, ist die Ausformung der Anerkennungskrise als Identitätskrise, ein Gefahrenpunkt.[64] Ein durch die Studie von Krömmelbein aufgetauchter Teufelskreiszusammenhang mit ambivalentem Charakter soll schlussziehend betont werden. Dieser Zusammenhang äußert sich in der Verhinderung der Realisierung des auf Anerkennung durch erfolgreiche Teilhabe am Erwerbsleben gründenden Selbst- und Lebensentwurfs durch sich selbst, da die dem Entwurf inneren Werte zerstörerisch auf die Psyche in Form des Verlustes einer Selbstwirksamkeitseinstellung bei Auftreten von Scham- und Schuldgefühlen, wirken. Die dem Arbeitslosen inhärenten Wertschemata wie Erwirken von Leistung durch Erwerbsarbeit, sowie Erlangung von Anerkennung durch Erwerbsarbeit, die bei ihrer Umsetzung eine konstruktive Wirkkraft auf die Stabilisierung des gesellschaftlichen Systems ausüben, verwandeln sich bei ihrer Nichtumsetzung zu einer destruktiven Wirkkraft auf die Identität des Arbeitslosen und nebenbei, bei Betrachtung der Erwerbsarbeit als einen gesellschaftlichen Motor, zu einer destruktiven Wirkkraft auf das gesellschaftliche System.

---

[64] Vgl. Krömmelbein, S.: Krise der Arbeit – Krise der Identität? Institutionelle Umbrüche der Erwerbsarbeit und subjektive Erfahrungsprozesse in den neuen Bundesländern. Berlin 1996. S. 83 bis S. 84; S. 117 bis S. 119; S. 130 bis S. 134.

Anne Fels von der Rothaarklinik Bad Berleburg und Rodewig von der Internistisch-Psychosomatischen Fachklinik Hochsauerland, sowie von der Universität Witten/Herdecke betonen, dass die „positive Bewertung der eigenen Person und Identität [...] für die geistige Gesundheit und die Bewältigung der Lebensaufgaben funktonaler [sei] als eine wirklich realitätsgerechte Bewertung. Die positive Bewertung ist das Ergebnis eines Vergleichs der eigenen Person mit einem Vergleichsobjekt bezüglich eines bestimmten Wertes [...]. Dieses sozialpsychologische Phänomen erklärt sich tiefenpsychologisch aus der individuell begrenzten Ambivalenztoleranz."[65] Eine Bezugsetzung dieses „Phänomens" mit dem Arbeitslosenstatus ist gekennzeichnet durch einen Wechsel des Verhältnisses zum Vergleichsobjekt. Der Wegfall des Verhältnisses , welches die positive Selbst-Definition bedient, ist ersetzt durch ein Verhältnis, welches mit einer negativen Selbst-Definition verknüpft ist. Der Arbeitslose als gesellschaftlich rangniedrigerer positioniert, vergleicht sich mit der Gruppe der Erwerbstätigen, was auf Basis verinnerlichter gesellschaftlicher Normen zu einer negativen Selbstdefinition führt. Die von Krömmelbein konstruierte mehrheitlich „alltagszentrierte Verortung" erklären Fels und Rodewig mit der Eigenschaft von Individuen, sich für das mit weniger Mühsal verbundene zu entscheiden: „Wie verlockend ist es, einer Majorität anzugehören und wie viel psychischen Streß es bedeutet, sich angesichts einer Mehrheit in der Minderheit zu befinden, haben vielfältige sozialpsychologische Experimente gezeigt. [...] Die Gemeinsamkeit der verbindenden Idee verleiht scheinbare Stärke und Sicherheit, aber der Denk- und Handlungsspielraum und die Kritikfähigkeit eines jeden werden begrenzter und unflexibler."[66] Die Hineinversetzung in den Arbeitslosenstatus ist folglich verbunden mit dem Entzug eines begrenzten Raumes in einer Ordnung durch vorgegebene Maßstäbe. Der mit dieser Desintegration verknüpften Desorientierung folgt die Notwendigkeit, die Denk- und Handlungsspielräume für eine Balancefindung zwischen personaler und sozialer Identität neu zu verorten und damit einer Identitätskrise entgegenzuwirken. Diese Aufgabe erfordert ein Bündel von Kompetenzen wie Selbstwertgefühl zur Verhinderung von abgrenzungsfördernder Scham, soziale Kompetenz zur Verhinderung von Isolation, Selbstwirksamkeitsglaube zur Verhinderung von Resignation, rationales Neudenken von Zukunftsabsichten und potentiellen Handlungsräumen bei diesbezüglicher Ausrichtung des Handelns zur Verhinderung einer Erstarrung im situationsfernen „Selbst- und Lebensentwurf". Anne Fels und Rodewig weisen darauf hin, dass die Selbstdefinition über das Kollektiv „mit dem relativen Bedeutungsverlust traditioneller Gemeinschaften [...]" und der Charakterisierung der Gesellschaft durch eine Vielzahl von austauschbaren

---

[65] Fels, A./Rodewig, K.: Identität, Integration und psychosoziale Gesundheit. In: Rodewig, K. (Hg.): Identität, Integration und psychosoziale Gesundheit. Aspekte transkultureller Psychosomatik und Psychotherapie. S. 23.
[66] Ebd. S. 25 bis S. 26.

möglichen zu wählenden Gruppen, komplizierter geworden ist.[67] In diesem Bezug kann man die Hypothese aufstellen, dass der Erwerbsstatus in einer sich immer schneller wandelnden, weit verzweigten und damit unüberschaubaren Gesellschaft für die Verortungs- und Selbstdefinitionsmöglichkeit einen Anker darstellt. In Anbetracht eines solchen Verhältnisses lässt sich die Schlussfolgerung ziehen, dass bei dem hohen Wert, den der Erwerbsstatus für eine Lebensbasis bietet, das Ereignis Arbeitslosigkeit durch den damit einhergehenden Entzug eines grundlegenden Platzes im Kontext wandlungsrasanter gesellschaftlicher Bedingungen, tiefgreifender wirkt als in einer Gesellschaft mit stabileren Strukturen.

V. Schlusswort

In dieser Arbeit wurde gezeigt, dass die psychische Gesundheit als Indikator für eine Veränderung von Verhältnissen durch den Eintritt in die Arbeitslosigkeit oder den Eintritt in die Erwerbstätigkeit, fungiert. Gezeigt wurde, dass der aktuelle Forschungsstand nicht einen eindimensionalen Blickwinkel in Richtung Wirkung von Arbeitslosigkeit auf die psychische Gesundheit einnimmt, sondern dass der Zusammenhang zwischen Arbeitslosigkeit und Gesundheit in Richtung Wirkung von Arbeitslosigkeit auf die Gesundheit einerseits und Wirkung von Gesundheit auf die Arbeitslosigkeit andererseits, erforscht wird. Durch die Isolierung von Einflussstärken wie beispielsweise Länge der Arbeitslosigkeit, Arbeitsqualität, Geschlecht, soziale Unterstützung, körperliche Aktivität, Zeitausnutzung, Lebensentwurf, Personenstand, wirtschaftliche Lage, Region/Staat, politische und gesetzliche Hintergründe, ist verdeutlicht worden, dass der Zusammenhang zwischen Arbeitslosigkeit und Gesundheit sich durch eine Vielzahl von Variablen in verschiedensten Variationen ausformt.

Über theoretische Modelle, empirische Forschungsergebnisse und der Thematisierung der gesellschaftlichen Stellung Arbeitsloser im Kontext gesellschaftlicher Anerkennung wurde beantwortet, wie Arbeitslosigkeit in den Alltag des Individuums eingreift, wie der Prozess der Arbeitslosigkeit verlaufen kann, welche Funktionen die Arbeit für den Menschen hat, warum Arbeitslosigkeit Auswirkungen auf die psychische Gesundheit hat und warum Arbeitslosigkeit von Individuen unterschiedlich verarbeitet wird.

Ein auf wissenschaftliche Forschung gestütztes Wissen über Arbeitslosigkeit und Gesundheit ist notwendig, um Arbeitslosen über qualifizierte Literatur die Möglichkeit zu geben, ihr Verhalten und ihre psychische Konstitution reflektieren zu können - mit anderen Worten, sich selbst besser und die Konsequenzen der Arbeitslosigkeit besser

---

[67] Fels, A./Rodewig, K.: Identität, Integration und psychosoziale Gesundheit. In: Rodewig, K. (Hg.): Identität, Integration und psychosoziale Gesundheit. Aspekte transkultureller Psychosomatik und Psychotherapie. S. 27.

nachvollziehen zu können. Weiterhin kann die wissenschaftliche Forschung in Bezug auf Arbeitslosigkeit und Gesundheit dem Sozialarbeiter und dem Sozialpädagogen dienlich für den Umgang mit dem Klientel der Arbeitslosen, sein.

Nicht nur für eine verständige Gesprächsebene zwischen Sozialarbeiter oder Sozialpädagoge und Arbeitslosem durch wissenschaftlich fundierte Kenntnis über den Zusammenhang von Arbeitslosigkeit und Gesundheit, kann empirische Forschung fruchtbar sein, sondern auch für die Konstruktion von Arbeitslosenprojekten, indem man sie zielgenau auf die Bedürfnisse der Arbeitslosen wie beispielsweise Erlangung von Anerkennung, ausrichtet.

Ein hohes Bewusstsein über die tiefgreifenden Einwirkungen von Kündigungen und Langzeitarbeitslosigkeit auf die psychische Gesundheit macht auch deutlich, wie wichtig effiziente Wiedereingliederungsmaßnahmen und psychologische Begleithilfen für die Gruppe der Arbeitslosen sind, um Chronifizierungen von Arbeitslosigkeit und Gesundheit vorzubeugen.

Realisierungschancen, Möglichkeiten und Sinn von Transformation wissenschaftlicher Forschungsresultate auf die Praxis im Bereich von Arbeitslosigkeit und Gesundheit?

Mit dieser weiterführenden Fragestellung als Anreiz zum Weiterdenken findet diese Arbeit ihr Ende.

VI. Literaturverzeichnis

VI. 1. Monographien und Sammelbandartikel

❖ Antonovsky, A.: Unraveling the mystery of health. San Francisco 1987.

❖ Balon, Karl H. /Dehler, J./Schön, B. (Hg.): Arbeitslose: Abgeschoben, diffamiert, verwaltet. Arbeitsbuch für eine alternative Praxis. Frankfurt am Main 1978.

❖ Dauer, S./Hennig, H. (Hg.): Arbeitslosigkeit und Gesundheit.

Halle 1999. (= Beiträge zur Medizinischen Psychologie und zu Grenzgebieten, 1).

❖ Fels, A./Rodewig, K.: Identität, Integration und psychosoziale Gesundheit. In: Rodewig, K. (Hg.): Identität, Integration und psychosoziale Gesundheit. Aspekte transkultureller Psychosomatik undPsychotherapie. S. 13 bis S. 41.

❖ Friedrich, H./Wiedemeyer, M.: Arbeitslosigkeit – ein Dauerproblem. Dimensionen. Ursachen Strategien. 3. aktualisierte und völlig überarbeitete Auflage. Opladen 1998.

❖ Gros – Breuer, S.: Arbeitslosigkeit und Psychische Erkrankung am Beispiel Schizophrenie. Hannover 1999. Dissertation.

❖ Hamann, S./Karl, A./Ullrich, C.G.: Entsolidarisierung? Leistungen für Arbeitslose im Urteil von Erwerbstätigen. Frankfurt/New York 2001.

❖ Henkel, D.: Arbeitslosigkeit und Alkoholismus – Epidemiologische Zusammenhänge und kausale Effekte. In: Sucht und Arbeitslosigkeit. (Un-)möglichkeiten der beruflichen Rehabilitation und Integration Suchtkranker. Stuttgart 1999. S. 41 bis S. 61.

❖ Jahoda, M./Lazarsfeld, Paul F./Zeisel, H. (Hg.): Die Arbeitslosen von Marienthal. Ein soziographischer Versuch. Frankfurt 1975.
(Die erste Auflage erschien 1933 im Verlag S. Hirzel, Leipzig.)

❖ Jahoda, M.: Wieviel Arbeit bracht der Mensch? Arbeit und Arbeitslosigkeit im 20. Jahrhundert. 3. Auflage. Weinheim/Basel 1986.

❖ Kieselbach, T.: Arbeitslosigkeit und Gesundheit: Voraussetzungen und Möglichkeiten einer Gesundheitsarbeit mit Arbeitslosen.
In: Maier, K./Müllensiefen, D. (Hg.): Der Teufelskreis von Arbeitslosigkeit und gesundheitlichen Einschränkungen. Möglichkeiten und Probleme sozialarbeiterischer und gesundheitspädagogischer Intervention. Östringen 1991. (=Forschungs- und Projektberichte, 1). S. 27 bis S. 57.

❖ Krömmelbein, S.: Identitätskrisen als Anerkennungskrisen. Umbrüche von Erwerbsarbeit und Sozialstruktur in den neuen Bundesländern.

In: Holtgreve, U./Voswinkel, S./Wagner, G. (Hg.): Anerkennung und Arbeit. Konstanz 2000. S. 193 bis S. 216.

❖ Krömmelbein, S.: Krise der Arbeit – Krise der Identität? Institutionelle Umbrüche der Erwerbsarbeit und subjektive Erfahrungsprozesse in den neuen Bundesländern. Berlin 1996.

❖ Mühlbradt, F. W.: Wirtschaftslexikon. Daten, Fakten und Zusammenhänge. 6. aktualisierte Auflage. Berlin 1999.

❖ Trommer, H.: Gesundheitliche Auswirkungen von Langzeitarbeitslosigkeit. In: Landesvereinigung für Gesundheitsförderung Thüringen e. V. –Agethur- (Hg.): Workshop „Arbeitslosigkeit und Gesundheit". Weimar 2000. S. 12 bis S. 22.

❖ Uske, H.: „Sozialschmarotzer" und „Versager": Missachtung und Anerkennung in Diskursen über Massenarbeitslosigkeit. In: Holtgreve, U./Voswinkel, S./Wagner, G. (Hg.): Anerkennung und Arbeit. Konstanz 2000. S. 169 bis 192.

❖ Warr, P.: Work, Unemployment and Mental Health. Oxford 1987.

❖ Wogawa, D.: Missbrauch im Sozialstaat. Wiesbaden 2000.

VI. 2. Artikel aus Zeitschriften

❖ O' Brian, G/Feather, N.: The relative effects of unemployment and quality of employment on the affect, work values and personal control of adolescents. In: Journal of Occupational Psychology (63). 1990. S. 151 bis S. 165.

❖ Eisenberg, P./Lazarsfeld, P.F.: The psychological effects of unemployed. Psychological Bulletin, Heft 35. 1938.

❖ Elkeles, T./Seifert, W.: Arbeitslose und ihre Gesundheit: Langzeitanalysen für die Bundesrepublik Deutschland. In: Sozial- und Präventivmedizin. Vol. 38 (3). 1993. S. 148 bis S. 155.

❖ Ezzy, D.: Unemployment and mental health: A critical review. In: Social Science and Medicine. Vol. 37 (1). 1993. S. 41 bis S. 52.

❖ Graetz, B.: Health consequences of employment and unemployment: Longitudinal Evidence for young men and women. In: Social Science and Medicine. Vol. 36 (6). 1993. S. 715 bis S. 724.

❖ Hamilton, V. H./Merrigan, P./Dufresne, É.: Down and out: Estimating the relationship between mental health and unemployment. In: Health Economics. Vol. 6 (4). 1997. S. 397 bis S. 406.

❖ Hammarström, A./Janlert, U.: Nervous and depressive symptoms in a longitutional study of youth unemployment – selection or exposure? In: Journal of Adolescence. Vol. 20 (3). 1997. S. 293 bis S. 305.

❖ Kraut, A./Mustard, C./Walld, R./Tate, R.: Unemployment and health care utilization. In: Scandinavian Journal of Work, Environment and Health.

Vol. 26 (2) 2000. S. 169 bis S. 177.

❖ Lester, D./Yang, B.: Suicide, homicide and unemployment. In: Applied Economics Letters. Vol. 2 (8). 1996. S. 278 bis S. 279.

❖ Mastekaasa, A.: Unemployment and Health: Selection Effects. In: Journal of Community and Applied Social Psychology. Vol. 6 (3). 1996. S. 189 bis S. 205.

❖ Morrell, S./Taylor, R./Quine, S./Kerr, C.: Suicide and unemployment in Australia. 1907 - 1990. In: Social Science and Medicine.

Vol. 36 (6). 1993. S. 749 bis S. 756.

❖ Rantakeisu, U./Starrin, B./Hagquist, C: Unemployment, shame and ill health – an exploratory study. In: Scandinavian journal of social welfare.

Vol 6 (1). 1997. S. 13 bis S. 23.

❖ Underlid, K.: Personal financial situation during unemployment and mental health. In: Scandinavian Journal of Social Welfare. Vol. 6 (1). 1997. S. 2 bis S. 12.

❖ Weyerer, S: Arbeitslosigkeit und psychische Gesundheit. In: Nervenheilkunde. Vol. 13 (3) 1994. S. 110 bis S. 115.

VI. 3. Online-Dokumente

❖ Commission Online. Presserklärung Eurostat: Arbeitslosenquote in der Eurozone unverändert bei 8, 3 %.

Online unter: http://www.europa.eu.int/